REINALDO DOMINGOS

NIGO EM

O SEGREDO DA VILA ESMERALDA

ILUSTRAÇÕES: SABRINA ERAS

PRESIDENTE
REINALDO DOMINGOS

DIRETORA PEDAGÓGICA
ANA ROSA ORELLANA VILCHES SOPRANI

EDITORA DE TEXTO E PROJETO EDITORIAL
RENATA DE SÁ

DIRETORA DE ARTE
CHRISTINE BAPTISTA

DIAGRAMAÇÃO
BEATRICE JACOB

ROTEIRISTA
DANIELA NASCIMENTO

REDATORA
HELOÍSA JUNQUEIRA DE NORONHA

EDITOR
ANDREI SANT'ANNA

ILUSTRADORA
SABRINA ERAS

REVISORA
PATRÍCIA DOURADO

DADOS INTERNACIONAIS DE CATALOGAÇÃO NA PUBLICAÇÃO (CIP)
(CÂMARA BRASILEIRA DO LIVRO, SP, BRASIL)

Domingos, Reinaldo
O Segredo da Vila Esmeralda / Reinaldo Domingos ;
ilustração Sabrina Eras. -- São Paulo :
Editora DSOP, 2018.

ISBN: 978-85-8276-311-7

1. Dinheiro - Literatura infantojuvenil
2. Finanças - Literatura infantojuvenil I. Eras, Sabrina.
II. Título.

17-03000 CDD-028.5

ÍNDICES PARA CATÁLOGO SISTEMÁTICO:
1. Educação financeira : Literatura infantojuvenil 028.5
2. Educação financeira : Literatura juvenil 028.5

Escrita por Reinaldo Domingos, PhD em Educação Financeira, esta história conta, a partir do ponto de vista de Nico, um menino empreendedor, filho do meio do casal Paulo e Maria, que existem sonhos materiais e, principalmente, que existem sonhos não materiais, aqueles que não precisam de dinheiro para serem realizados. Embasados na **Metodologia DSOP** (Diagnosticar, Sonhar, Orçar e Poupar), os personagens procuram nos ensinar, de forma lúdica, como encarar desafios, resolver conflitos e realizar sonhos de uma maneira bastante envolvente e buscando o que cada membro da família tem de melhor para oferecer.

A obra foi desenvolvida de modo que a criança contribua para a construção do livro. Por isso, a todo momento, ela é convidada a participar da história, seja por meio de uma reflexão sobre determinado assunto, seja ao precisar completar um desafio para seguir adiante com a leitura. As ilustrações, feitas em *pixel art*, lembram as telas de um videogame, o que reforça ainda mais a proposta de fazer com que a criança avance somente após "passar de tela", isto é, depois de solucionar o desafio daquela página.

Complementar à Coleção dos Sonhos para Educação Financeira, o livro *O Segredo da Vila Esmeralda* foi desenvolvido e fundamentado na neurociência, o que contribui para ensinar o tema educação financeira em conjunto com as disciplinas curriculares. Além disso, o material tem como proposta aprofundar as questões já trabalhadas na coleção, além de valores como amizade, confiança mútua, respeito ao próximo e raciocínio lógico. É uma obra que se adequa ao projeto pedagógico das instituições de ensino, possibilitando ser trabalhada de forma interdisciplinar.

Para saber mais, acesse o canal Dinheiro à Vista no YouTube. Lá você encontrará um conteúdo exclusivo para o aprimoramento da educação financeira, com temas diversificados que agregam valor aos conceitos e práticas a serem implementados.

GENTE ESTRANHA, PROPOSTA ESQUISITA

Nico assoviava, contente, ao colocar o material na mochila para o início das aulas do terceiro ano. Além de estar ansioso por aprender coisas novas, ele se sentia feliz por mais uma vez dividir a classe com André, Fred, Tomoko e Olívia. Embora os cinco tivessem passado boa parte das férias de verão juntos, agora poderiam se ver todos os dias novamente.

Carla, mãe de André, e os pais de Nico combinaram um revezamento para levar os filhos à escola. Assim que a turma se encontrou, André retomou uma ideia que vivia martelando na sua cabeça recentemente: eles deveriam abrir uma agência de detetives.

– Ah, claro, e quem vai contratar cinco crianças para resolver qualquer coisa? – ironizou Nico.

– Não somos apenas crianças! Nós somos mentes brilhantes capazes de solucionar as mais complicadas situações! – rebateu André. – Ou você já esqueceu que conseguimos encontrar os animais desaparecidos da Praça Diamante? Ou que desvendamos o segredo do mascarado que andava de patins e skate no parque? Sério, eu acredito mesmo que podemos começar uma carreira de sucesso como detetives ou agentes secretos.

– Você só pode estar ficando maluco, André! Guatinga é a cidade mais tranquila do estado, do país e, se bobear, até do universo... O que pode acontecer de tão fantástico aqui?

– Muita coisa, oras! Algo como uma invasão alienígena... Ou um supervilão planejando destruir a nossa escola com os poderes da mente! E quem sabe até...

André não conseguiu completar a lista de acontecimentos possíveis que mudariam a história de Guatinga.

Lelê, a irmã de Nico que estudava na mesma escola que os dois e os acompanhava no trajeto, engasgou de tanto rir ao escutar "poderes da mente".

– Você anda lendo histórias em quadrinhos e vendo muitos programas de super-heróis na TV, André! Quanta imaginação! – disse Lelê após recuperar o fôlego.

– André, por enquanto, a única missão a enfrentar é a quantidade de lição que teremos de fazer neste ano – disparou Nico.

– Um dia vocês ainda vão me dar razão! – retrucou André, demonstrando que não pretendia mudar tão facilmente de opinião.

E não mudou mesmo. Na hora do intervalo da escola, André voltou a falar com os colegas sobre a ideia de montar uma agência de detetives.

Ele até levou vários modelos de cartões de visita que havia feito em seu computador. Entusiasmado, explicou à turma como eles poderiam se organizar e resolver os mais diferentes casos.

– Seremos os Agentes DSOP – propôs.

Olívia, Fred e Tomoko se entreolharam, confusos. Nico decidiu ficar quieto e apenas observar o que os outros diriam sobre as ideias de André. Como previa, os amigos levantaram os mesmos pontos que ele: quem iria contratá-los? E para quê?

André, insistente, explicou que seu sonho era ser detetive ou agente secreto e montar a agência seria um ótimo começo de carreira, porque já tinha certa experiência. Olívia, porém, o interrompeu ao notar algo estranho no mural de classificados da escola.

– Por que você está vendendo suas coisas, Tomoko?

Como Olívia descobriu que a amiga estava vendendo as coisas dela? E quais objetos Tomoko colocou à venda? Marque, no mural da escola, quais deles pertencem à garota.

Tomoko quis disfarçar e mudar de assunto, mas não deu certo. Com uma cara bem chateada, acabou revelando aos amigos que o mercadinho dos pais dela não ia muito bem. Sua família precisava de dinheiro e, por isso, ela tinha resolvido vender algumas coisas para evitar medidas mais radicais.

Assustados, os amigos quiseram saber mais informações. Tomoko, triste, contou que, na pior das hipóteses, os pais venderiam o estabelecimento e todos mudariam para a cidade onde os avós dela moravam.

Nico e os demais ficaram preocupados, mas tentaram tranquilizar Tomoko dizendo que tudo se ajeitaria logo. Assim que os amigos saíram em direção à sala de aula, André colocou um cartão dos Agentes DSOP no mural da escola.

No dia seguinte, André surgiu eufórico no pátio, na hora do intervalo.

– Ontem à tarde, vi algumas pessoas esquisitas e com roupas diferentes andando pela cidade. Algo fora do normal vem acontecendo, e acho que isso merece ser investigado pelos Agentes DSOP! Vocês não notaram nada?

– Esquisitas? Como assim? – indagou Fred.

Olívia levantou a hipótese de serem estrangeiros. Fred, por sua vez, comentou que as pessoas talvez fizessem parte de algum grupo de teatro, espetáculo ou até mesmo de um circo.

– Tomara que seja um circo; seria muito divertido se fosse! – disse Olívia.

– Você gosta dos palhaços? – perguntou Tomoko, curiosa.

– Nã-não... – gaguejou Olívia. – Deles, não muito...

– Eu, hein?! Palhaços são meio macabros – arrepiou-se Fred.

– Já eu acho palhaço e circo coisas infantis – opinou Nico, se sentindo muito maduro com o comentário.

Os cinco tinham de montar em grupo um projeto de ciências sobre a produção de alguns alimentos e combinaram que se encontrariam à tarde na casa de Tomoko.

Olívia reparou que as coisas que a amiga tinha colocado à venda ainda estavam lá. Tomoko explicou que os pais não a deixaram vender os objetos e que encontrariam outra alternativa.

– Sabe o que não gasta dinheiro? Investigar esse pessoal que está pela cidade! Não é possível que vocês não estejam curiosos! Se descobrirmos quem eles são, poderemos ganhar dinheiro e ajudar sua família, Tomoko!

A garota agradeceu, mas afirmou que não queria o dinheiro deles.

O PRIMEIRO CLIENTE DOS AGENTES DSOP

Alguns dias depois, Nico se atrapalhou e demorou para chegar à quadra esportiva para a aula de educação física. Ao pegar o material caído no chão, notou algo colado embaixo da carteira: um envelope com seu nome e endereço impressos. Ao rasgá-lo, ficou surpreso: tratava-se de uma carta misteriosa.

Depois de ler a carta várias vezes, Nico chacoalhou o envelope. Foi quando um montinho de notas caiu no chão. Era mesmo um pagamento em dinheiro! Mas como o remetente, um tal de G.C., o havia achado? O garoto, então, decidiu mostrar a carta aos amigos, que ficaram surpresos com a notícia de que alguém os havia contratado para que investigassem aquelas pessoas estranhas.

Na página 81, há uma cópia da carta misteriosa. interprete-a e escreva a seguir o que Nico descobriu.

No dia seguinte, indo para a escola, Nico diminuiu o passo de propósito para ficar um pouco mais para trás de Lelê e da mãe de André. A intenção era falar com o amigo, porque Nico suspeitava que a carta tivesse sido escrita pelo próprio André. Este se mostrou muito surpreso ao ouvir sobre a mensagem do suposto cliente dos Agentes DSOP e afirmou que isso só confirmava que mais alguém achava a história das pessoas com roupas diferentes muito esquisita.

– Como alguém imaginava que a turma pudesse investigar algo? E por que assinou apenas com as iniciais, G.C.? – Nico indagou.

André não teve saída a não ser explicar que, além de ter deixado o cartão dos Agentes DSOP no mural da escola, havia aproveitado um passeio ao mercado com a mãe para espalhar mais cartões da agência pela vizinhança.

Ao encontrar os demais membros da turma, André foi logo falando:

– Que tal a gente começar a investigação hoje mesmo?

– Não, nem pensar! – exclamou Tomoko, tensa.
– É uma péssima ideia! Vamos guardar o dinheiro e devolvê-lo quando o tal G.C. entrar em contato de novo. Pronto! Nada de sair por aí investigando, porque a única coisa que a gente vai encontrar é uma baita de uma encrenca!

André ficou inconformado:

– Como assim? Nós temos de pegar o caso! Vocês achavam que ninguém poderia nos contratar e, quando alguém nos contrata, simplesmente deixamos o cliente na mão?

– Eu proponho uma votação – sugeriu Fred.

– Sendo assim, meu voto é NÃO – esbravejou Tomoko, indo até o bebedouro tomar água.

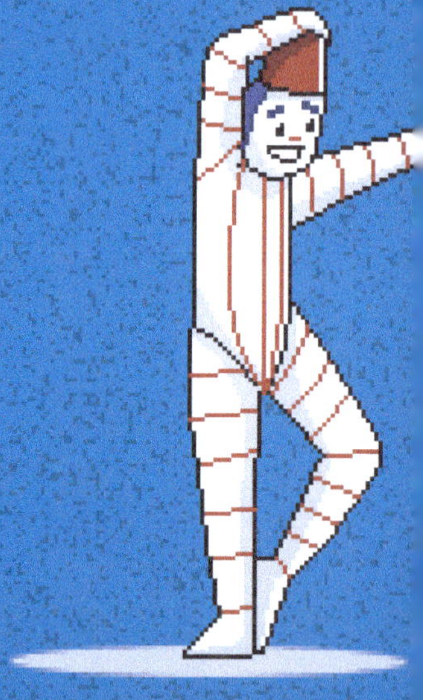

André aproveitou a ausência da amiga para sugerir que usassem o dinheiro da investigação para ajudar a família de Tomoko, mesmo que de forma anônima.

Diante desse argumento, Fred, Olívia e Nico acabaram concordando. Com Tomoko de volta, o grupo continuou a votação. Por quatro votos a um, decidiram aceitar o caso e investigar o que andava ocorrendo em Guatinga.

Tomoko sugeriu que investigassem quem era o tal cliente misterioso. André achava que isso não importava tanto assim, mas Nico concordou com a amiga, assim como os demais.

A turma do Nico decidiu traçar os próximos passos da investigação. Cientes de que não poderiam andar em qualquer canto da cidade sem os pais, os cinco decidiram prestar muita atenção no que acontecia ao redor deles todas as vezes que saíssem de casa.

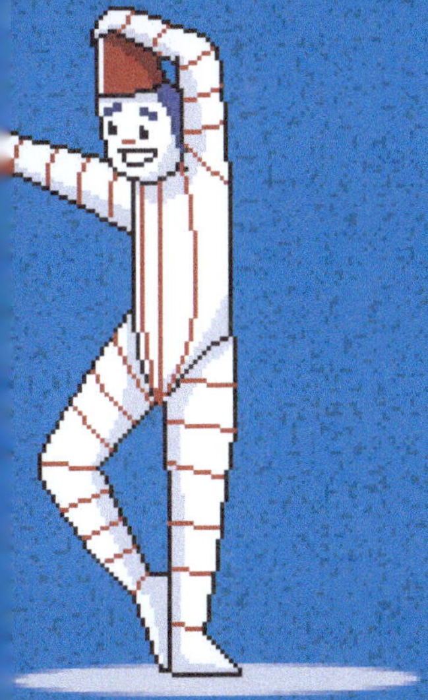

UM PRÉDIO ABANDONADO NO MEIO DO CAMINHO

Apesar de animado, Nico ainda não tinha visto nada de anormal nas ruas de Guatinga. Resolveu, então, acompanhar os pais sempre que eles precisassem ir a algum lugar.

No sábado, Nico foi com a mãe ao supermercado, que ficava na Vila Esmeralda, bairro ao lado daquele em que moravam.

E, finalmente, pôde entender do que André e o misterioso cliente falavam. No caminho, ele se deparou com algumas pessoas bem diferentes. Não só por causa das roupas coloridas e chamativas, mas também pela forma como interagiam umas com as outras. Algumas se cumprimentavam de forma entusiasmada; outras sussurravam. Nico pegou seu caderninho e começou a fazer anotações.

SALA
2A

Na manhã de segunda-feira, rumo à escola, Nico contou tudo o que havia visto para André, que também tinha encontrado algumas pessoas diferentes no fim de semana. No intervalo, os cinco amigos se reuniram para conversar sobre o rumo das investigações. A única da turma que não havia visto nada era Tomoko, e Nico avisou:

– Eu anotei os endereços de onde vi algumas pessoas. Se todo mundo fizer a mesma coisa, vamos poder compará-los e tentar descobrir se existe algo em comum.

Todos acharam ótima a ideia e concordaram. Tomoko, porém, não pareceu tão animada e ainda levantou um ponto: o que eles estavam fazendo para descobrir a identidade do cliente misterioso? De fato, nenhum dos agentes havia feito coisa alguma, pois nem sabiam por onde começar. Como André havia distribuído muitos cartões, poderia ser qualquer um.

Fred sugeriu que esperassem pelo menos mais um mês para o cliente retomar o contato. Por ser voto vencido de novo, Tomoko acabou concordando. Na sexta-feira, André chegou quase sem fôlego à escola e contou que havia visto de novo as pessoas diferentes na tarde anterior, em uma rua próxima à da outra ocasião.

– Vocês não vão acreditar! Elas podem voar! – disse.

– Como assim? Voar? Explique melhor, André! – pediu Olívia.
– Voar, de verdade! Vi um homem e uma mulher andando em pleno ar, a uns 30 centímetros do chão ou até mais! A roupa deles deve ser especial ou talvez usem algum tipo de aparelho escondido. Vocês sabem o que isso significa? Essas pessoas são diferentes porque vieram do futuro!

Nico e Fred caíram na gargalhada, e Olívia ficou meio desconfiada. Tomoko revirou os olhos e disse que essa conclusão maluca era típica do André. No fim das contas, apesar de acharem a teoria de André muito improvável, os amigos combinaram que fariam mais observações.

Para facilitar o trabalho de compará-las, eles aproveitaram a aula de informática e pediram para a professora imprimir o mapa do bairro.

Que tal ajudar os amigos a organizar os endereços anotados? Recorte os itens que estão na página 83 e, seguindo as pistas da turma do Nico, complete o mapa ao lado.

A) ANDRÉ: - Vi um casal fantasiado na costureira, que fica na Travessa Rubi, em frente ao hospital.

B) NICO: - Encontrei um homem fazendo malabarismo no museu, que está localizado na Rua do Ouro, em frente à escola.

C) OLÍVIA: - Uma senhora comprava flores na floricultura, que fica em frente ao parque, na Alameda Diamante. E ao lado da banca de jornal.

D) FRED: - Tinha uma mulher de máscara na lavanderia, que fica entre o shopping e a banca de jornal.

E) ANDRÉ: - No pet shop, que fica na Rua da Prata, havia um trio de mímicos. A loja de animais fica de frente para a escola de dança.

F) OLÍVIA: - Encontrei um senhor em um dos três estabelecimentos da Rua Safira, mas não lembro em qual deles: papelaria, supermercado ou loja de carros.

G) TOMOKO: - Vi um rapaz na sorveteria na Rua Turmalina.

H) NICO: - Tinha uma criança mascarada no açougue, que fica em frente ao ginásio, próximo ao hortifrúti, na Avenida Turquesa.

I) ANDRÉ: - Um casal flutuava no gramado da biblioteca, que fica na esquina da Avenida Turquesa com a Rua Jade.

OFICINA
TRAVESSA RUBI
HOSPITAL
ESCOLA
RUA DO OURO
AVENIDA BRASIL
SORVETERIA
HORTIFRUTI
GINÁSIO
PARQUE
BANCA DE JORNAL
PIZZARIA
RUA TURMALINA
PADARIA
AVENIDA TURQUESA
RUA DA PRATA
ALAMEDA DIAMANTE
RUA JADE
SUPERMERCADO
RUA ESMERALDA
SHOPPING
RUA SAFIRA
LOJA DE CARROS
ESCOLA DE DANÇA

Nico, Tomoko, Fred, Olívia e André juntaram as partes dos mapas e as observaram com atenção. Apesar das ruas diferentes, todos os endereços ficavam no mesmo bairro: a Vila Esmeralda. Nico, atento, comentou que um prédio ocupava aquela quadra.

– É um galpão abandonado – constatou André. – Essas pessoas do futuro são mesmo muito inteligentes. Nada melhor do que um edifício vazio para montar um centro de comando. Elas devem ter retornado para o presente porque algo muito importante vai acontecer aqui, em Guatinga, algo que pode mudar o rumo da humani...

– A biblioteca! – exclamou Fred, interrompendo o devaneio do amigo. – A biblioteca pode ser muito útil para nós!

– Útil? Útil para quê? – perguntaram os outros quatro, praticamente ao mesmo tempo.

– Lembram que a fachada da biblioteca é de vidro? Dá para ver muita coisa lá de dentro. Podemos estudar e fazer as lições de casa lá. Se ocuparmos as mesas próximas das janelas, vamos poder observar melhor todo o movimento da rua e descobrir o que vem acontecendo – sugeriu.

Nico achou a proposta genial, André só faltou pular de alegria e Olívia ficou animadíssima. Tomoko não gostou da ideia e lembrou que o tempo para o cliente ressurgir estava acabando.

Nico já nem se preocupava mais em tentar descobrir a identidade do cliente. Seu maior desejo era resolver o novo mistério de Guatinga. Por isso, ficou surpreso ao voltar para casa e, ao mexer na caixinha de correio, achar uma carta em um envelope azul endereçado a ele.

UM SEGREDO NA PRÓPRIA TURMA

Assim que entrou em casa, Nico foi correndo para o quarto com o envelope nas mãos. Só podia ser de G.C. Ao abrir o envelope, idêntico ao da carta anterior, Nico percebeu que a mensagem vinha em um código diferente. Em vez de letras, a carta está escrita com códigos em números. Ajude Nico a decifrar a mensagem.

Você precisa substituir cada número pela letra correspondente do alfabeto, na Ordem: A – 1; B – 2; C – 3; D – 4 etc.

Dica: A – 1; E – 5; I – 9; O – 15; U – 21.

Se precisar de um suporte, na página 85 há uma tabela com as letras e os códigos.

(20)(15)(4)(1) (19)(5)(24)(20)(1)-(6)(5)(9)(18)(1)

....

(9)(18)(5)(9) (2)(21)(19)(3)(1)(18) (14)(1) (19)(21)(1)

....

(3)(1)(9)(24)(1) (4)(15) (3)(15)(18)(18)(5)(9)(15) (1)(19)

....

(9)(14)(6)(15)(18)(13)(1)(3)(15)(5)(19) (19)(15)(2)(18)(5) (1)(19)

....

(16)(5)(19)(19)(15)(1)(19) (4)(15) (6)(21)(20)(21)(18)(15)

....

(7).(3).

Nico não sentiu dificuldade para decifrar o código, mas algo na mensagem o intrigou. Ele leu a carta algumas vezes e achou curioso o fato de o cliente falar em pessoas do futuro.

– É a mesma teoria defendida por André... Que coincidência! – refletiu.

O envelope continha mais uma parcela do pagamento. Nico guardou-a com as outras notas para depois decidir com os amigos como dariam o dinheiro para Tomoko. Ainda havia no cofre uma parte de sua mesada que ele havia separado para também ajudar a amiga.

No jantar daquela noite, Nico conversou com os pais sobre as idas à biblioteca. Maria e Paulo, apesar de estranharem a iniciativa, acharam ótimo que o filho e os amigos estudassem em uma biblioteca.

No dia seguinte, na escola, assim que a aula terminou, Tomoko disse que não pretendia almoçar com a turma, mas que os encontraria mais tarde na biblioteca. Nico, Fred e André almoçaram na casa de Olívia. A mãe dela aceitou levá-los até lá após a refeição. André era o mais ansioso, mas os outros também estavam muito empolgados. E Nico ainda nem tinha conseguido contar sobre a carta do misterioso G.C.!

Ao chegarem à biblioteca, tiveram a sorte de conseguir pegar uma mesinha que ficava bem perto da janela e permitia que observassem a rua.

Pouco depois que se acomodaram e começaram a fazer a lição, Nico olhou pela janela e viu duas pessoas que deslizavam objetos pelo ar, assim como André havia comentado. Nico cutucou os amigos, que não compreendiam aquele fenômeno no mínimo curioso.

– Agora vocês acreditam que essas pessoas vêm do futuro? – perguntou, falando baixo para não chamar a atenção.

– Não, André! – disseram os três. E Nico emendou:

– Deve ter alguma outra explicação.

Os quatro passaram a tarde especulando, questionando, debatendo. Tudo indicava que as pessoas entravam no grande galpão do outro lado da rua, mas parecia mesmo abandonado e não havia nenhum portão aberto. Por onde elas entravam? E, principalmente, o que acontecia lá dentro? Como faziam aquelas coisas estranhas? Por que usavam roupas tão diferentes? E André, teimoso, insistia: o que eles precisam mudar agora que vai alterar o futuro? Será uma catástrofe natural?

No intervalo da aula no outro dia, Nico e os demais relataram tudo o que haviam visto para Tomoko, que pediu desculpas por não ir, usando a necessidade de resolver algumas coisas em casa como justificativa.

Enquanto André repetia suas teorias futuristas, Nico notou que Tomoko, distraída, exibia uma sujeira branca no rosto e no pescoço.

– O que é isso, Tomoko? – perguntou, tentando passar a mão no rosto da menina, que se esquivou.

– Não é nada, é só farinha do mercadinho que derrubei sem querer – explicou, limpando tudo.

Ainda naquela semana, a turma retornou à biblioteca. Tomoko chegou mais tarde do que os demais, toda suja, suada e com a cara nem um pouco contente. André, pelo contrário, estava animado ao ver pela janela uma das pessoas andando no ar novamente.

– Viram? Nunca inventei nem aumentei nada! Agora vocês podem conferir com os próprios olhos. Enquanto tiverem olhos, né? Vai saber se as pessoas do futuro não planejam um raio laser ou algo parecido para cegar toda a raça humana!

Nico, esticando o pescoço para observar melhor, comentou:

– Verdade, elas conseguem andar no ar... E aquelas ali, de macacão, podem voar! Isso, com certeza, não é algo que um humano normal faz... Que truque bem feito!

– Truque? Não é um truque, Nico! Só um dispositivo construído no futuro seria capaz de algo parecido!

– Por que não perguntamos o que é a alguma dessas pessoas na hora de irmos embora? – sugeriu Olívia.

– NÃO! De jeito nenhum! – esbravejou Tomoko, praticamente rugindo.

Fred e Nico olharam um para o outro, perplexos, porque Tomoko costumava acreditar que os mistérios deveriam ser desvendados de maneira lógica. Nada seria mais racional do que perguntar diretamente às pessoas o que elas faziam, mas a garota achava melhor evitar contato.

– Pode ser perigoso falar com elas. E se elas tiverem vindo mesmo do futuro? – questionou Tomoko, diminuindo o tom de voz.

Olívia, Fred, Nico e André ficaram boquiabertos: Tomoko aceitando uma teoria doida de André? Diante de todos? Sem implicar?

Nico não se conformava e passou o resto da tarde e da noite refletindo. Como Tomoko podia concordar com André que as pessoas vinham do futuro?

Era uma ideia que não fazia o menor sentido, mas menos sentido ainda tinha o fato de Tomoko, justamente Tomoko, apoiar uma teoria dessas. Nico, desconfiado, começava a achar que a amiga não queria que eles desvendassem o segredo da Vila Esmeralda.

– Nem parece a Tomoko de sempre – refletiu. Antes de cair no sono, Nico prometeu a si mesmo que investigaria o que se passava com sua amiga.

O GRANDE CLIENTE

No dia seguinte, uma revelação. Nico foi almoçar na casa de André e notou um monte de envelopes azuis, idênticos aos das cartas do cliente, sobre a estante da sala. G.C. era André!

– Eu já sabia – Nico disse para o colega. – Quem contrataria cinco crianças para desvendar alguma coisa? Ainda bem que não mostrei sua última carta para a turma.

– Mas até a Tomoko acredita na minha teoria – argumentou André.

– Acredita nada, André. Tem algo muito estranho acontecendo com ela, e eu vou descobrir o que é – cochichou Nico.

E, antes que os outros percebessem o sumiço dos dois, Nico quis saber: de quem era o dinheiro que ele havia enviado como cliente misterioso?

André explicou que tinha separado uma parte da mesada para pagar os amigos e aproveitar para ajudar Tomoko, já que o dinheiro iria mesmo para ela.

Um dia, na esperança de obter algo, Nico conseguiu convencer a mãe a fazer compras no mercadinho dos pais da Tomoko. Ao chegarem lá, Maria, curiosa, perguntou a um funcionário onde estavam os donos do estabelecimento.

– Sou sobrinho da dona Shizuka, primo da Tomoko. Estou cobrindo as tardes neste mês para que eles voltem a realizar um antigo sonho – respondeu o rapaz.

– Sonho? Que sonho? – quis saber Nico.

– Além das bananas e das maçãs, vão levar mais alguma coisa? – desconversou o moço.

A curiosidade do garoto ficou ainda mais aguçada. Durante todo o mês, a família tinha algo para fazer à tarde, e isso combinava com os sumiços de Tomoko e suas desculpas para não ir à biblioteca. E que antigo sonho era esse? O que estaria acontecendo que a amiga não contou para ninguém? E por que ela passou a concordar com André de repente? Havia algo estranho naquilo tudo, e Nico pressentia que o segredo tinha alguma relação com as pessoas esquisitas.

Na terceira semana de visitas à biblioteca, Olívia não suportou mais o desejo incontrolável de saber o que acontecia na Vila Esmeralda e resolveu tomar as rédeas da situação.

Antes de entrarem na biblioteca, ela abordou uma mulher e, sem a menor cerimônia, perguntou o que ela fazia ali e o que estava acontecendo, já que tantas pessoas apareciam no local durante toda a tarde ultimamente.

– Qual é a senha? – perguntou a mulher.

– Senha? Que senha? – devolveu Olívia.

Ao perceber que Olívia não fazia ideia do que ela estava falando, a mulher se limitou a dizer que, se não dissesse a senha, não estava autorizada a saber o que era.

Os quatro passaram a tarde intrigados com tanto segredo. Fred chegou a falar para André que ele estava certo em insistir e contratar detetives para descobrir que coisa tão misteriosa era aquela. André, vermelho, tentou desconversar.

– André, sabemos que foi você quem escreveu as cartas – disse Olívia, rindo.

– Nem vem, porque eu não falei nada nem mostrei a segunda carta para ninguém – explicou Nico, diante do olhar acusador de André.

– Que segunda carta? – quis saber Fred.

André, sem saída, acabou contando que queria incentivar os amigos a serem detetives e a investigarem o que estava ocorrendo. Olívia só tinha uma dúvida: por que G.C.? André riu e respondeu:

– G. C. quer dizer "Grande Cliente"!

– Ah, dá um desconto para ele, Nico, porque ele já vem gastando toda a criatividade desse cérebro privilegiado com as teorias futuristas que inventa! – falou Olívia.

Quando saíram da biblioteca, Fred sugeriu que tentassem abordar outra pessoa. Carla, que acompanhava as crianças, foi junto e perguntou o que estava acontecendo para um homem que usava um capacete esquisito. Para espanto de todos, ele lançou a mesma questão da mulher de antes: qual é a senha? Carla disse que não sabia.

– Dessa maneira, vocês não estão autorizados a saber – respondeu o homem, se afastando de todos.

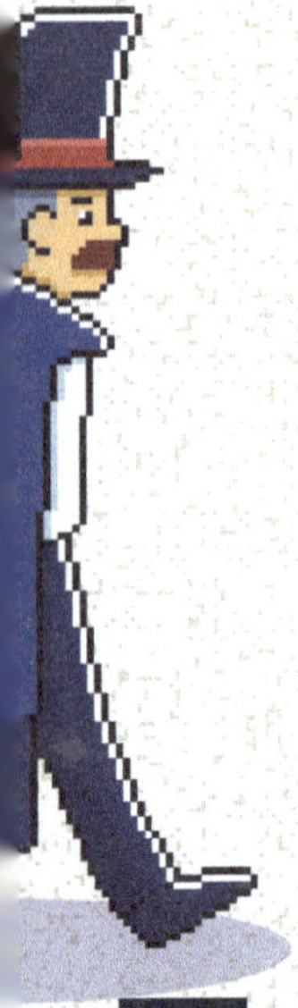

Mais adiante, uma garota o abordou. Após alguns instantes, ele retirou um envelope dourado do bolso e o entregou para ela. Os garotos concluíram: ela havia acertado a senha. Eles não perderam tempo e abordaram a adolescente para saber mais alguma coisa. A moça, no entanto, apenas entregou uma folha que continha palavras cruzadas.

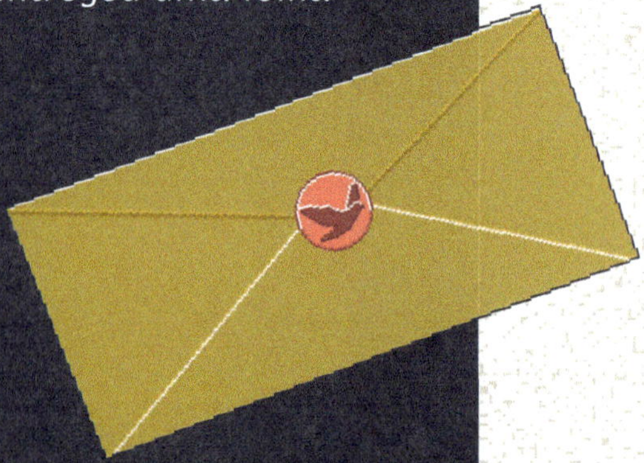

Resolva as palavras cruzadas e encontre mais uma pista. Atenção para os números em cada charada. Eles serão úteis mais à frente.

1. Ser responsável pelo bem--estar da sociedade é ter... (3);(5);(11);(12)
2. Quem não desiste tem persistência e tem...
3. Transmitir bens, quantia, tempo para outra pessoa ou comunidade; ceder (1)
4. Onde não há privilégios, não há diferença, há... (4)
5. Conjunto de pessoas que dividem uma identidade e um local...
6. Harmonia entre as pessoas; irmandade...(2);(8)
7. Apreço pelo próximo, aceitar cada um como é... (8)
8. Ajudar o próximo; colaboração...
9. Aquele que doa seu tempo para os outros de forma espontânea é...

UM PLANO MUITO FALÍVEL

No recreio do dia seguinte, os amigos se reuniram para completar as palavras cruzadas. Depois de pensarem, conversarem e pesquisarem, resolveram todas as questões. Ainda não tinham a menor ideia, entretanto, do que aquilo tudo tinha a ver com a senha ou qual das palavras descobertas seria a chave do mistério. Cansada, Olívia declarou para os amigos:

– Só existe uma forma de descobrir a verdade: temos de entrar no galpão.

– E como vamos fazer isso? – perguntou Nico.

– Temos de observar melhor onde as pessoas entram, se demoram para passar pela porta, se mostram a tal carta ou falam a senha... Enfim, precisamos traçar um plano – respondeu a menina.

Todos, com exceção de Tomoko, se empolgaram. Ela, aliás, foi totalmente contra e disse aos amigos que nunca mais iria à biblioteca.

O dia da execução do plano se aproximava. Na véspera, Nico, Olívia, André e Fred combinaram que usariam roupas bem diferentes, porque queriam tentar se parecer com as pessoas que frequentavam o galpão. Nico escolheu um monte de coisas para montar seu disfarce: um casaco com capuz, óculos escuros, relógio grandão que ganhou de aniversário e as cotoveleiras que usava para andar de patins.

André estava, na opinião de Nico e Fred, excessivamente disfarçado: usava uma calça camuflada, uma camiseta azul (que era branca, mas ele havia pintado) e vários relógios ajustados em diferentes tempos – afinal, ele era do futuro! Para completar o visual, uma boina que ele pegou da mãe. Olívia e Fred também se fantasiaram à altura para a ocasião.

Eles decidiram não contar sobre o plano para Tomoko por receio de que ela fizesse algo para impedi-los. Naquela tarde, quem os levaria para a biblioteca também seria a mãe de André. Uma das partes mais difíceis seria conseguir despistá-la por alguns minutos, tempo necessário para entrarem no galpão, verem o que havia lá dentro e saírem.

Todos se aprontaram e foram ao encontro de Carla no portão. Ela achou aquelas roupas muito estranhas, mas os quatro já tinham uma desculpa na ponta da língua: iriam ensaiar um trecho de uma peça para a escola.

Próximo passo: André precisava convencer sua mãe a parar em frente ao galpão, de acordo com o garoto, para "apreciar a vista". Enquanto ele a distraía, Nico, Fred e Olívia foram para a porta do galpão. Uma moça já estava à espera. A porta foi parcialmente aberta, ela falou alguma coisa e um segurança a deixou entrar.

Ao notar os três, o segurança perguntou-lhes a senha. Olívia tinha o papel de convencê-lo e falou uma das palavras cruzadas. O segurança fez um "não" com a cabeça e disse que aquela não era a senha. Ela tentou a próxima, mas o segurança se mostrou mais impaciente e, no desespero, Olívia começou a tentar todas.

André, ao ver que os três já estavam falando com o segurança, saiu correndo atrás dos amigos. Carla foi em direção a ele, acenando para o filho. André chegou apressado, empurrando os amigos. Olívia aproveitou a situação e garantiu ao segurança que a mãe dela – e apontou para Carla, que se aproximava – tinha a senha. O guarda se afastou da porta a fim de ver para quem Olívia apontava, enquanto as quatro crianças entraram correndo. Nico gritou para os amigos seguirem as demais pessoas.

O galpão era grande e tinha uma porta de ferro logo à frente, para onde todos iam – inclusive os quatro penetras que, quando passaram por ela, mal puderam acreditar no que encontraram.

Ajude Nico e sua turma a passar pela porta de ferro até o grande ponto de interrogação. Faça o trajeto de todos eles, tomando cuidado para não serem pegos pelo segurança do galpão.

UM LUGAR MAGNÍFICO

Nico, Olívia, Fred e André se viram em uma grande arena – um circo. E como era lindo! O espaço tinha sido decorado com um monte de luzinhas douradas, que pareciam de Natal e combinavam perfeitamente com os pilares de tijolo e concreto.

Do lado de fora não dava para ver nada por causa dos tapumes, mas o prédio tinha várias janelas imensas. Duas árvores grandes ficavam no meio do que seria o picadeiro.

Os quatro mal tiveram tempo de apreciar o que viam, pois o segurança e Carla – ambos com uma cara nada feliz – vieram marchando atrás deles. Nico, apesar de saber da encrenca em que se metera, apenas sorria. Era óbvio: estavam em um circo, não tinham dúvidas disso. E comentou com André: alguém tinha falado em circo logo no começo da investigação!

– Sim! – lembrou Olívia. – Foi o Fred!

Carla, nervosa, chamou a atenção dos quatro:

– Onde já se viu saírem correndo e entrando em qualquer lugar? O que vocês têm na cabeça? – perguntou, com a mão na cintura.

Um homem foi até eles checar o que estava acontecendo. Carla se desculpou pela atitude das crianças, justificando que estavam supercuriosas por causa do movimento incomum na Vila Esmeralda e, por isso, entraram lá correndo. O homem apenas sorriu e se apresentou como Bonifácio, gerente do circo. André não se conteve e perguntou se o circo era futurista.

– Sim e não – respondeu Bonifácio, dando uma risadinha. – Nós estamos montando um novo espetáculo com uma proposta diferente. O objetivo é mesclar as atrações de um circo tradicional com novas tecnologias como realidade virtual e projeções nas paredes.

As crianças acharam aquilo tudo o máximo. André, xeretando o lugar, acabou se enrolando em um dos tecidos de uma das atrações.

– Mas por que as pessoas vêm aqui todos os dias? – quis saber Olívia, enquanto tentava soltar o amigo.

– Realizamos audições e vamos escolher pessoas que farão parte do novo espetáculo. A proposta do circo é que a sua atuação se estenda à comunidade.

– Os grupos que participam das audições aqui também promovem pequenas apresentações em hospitais, orfanatos, asilos e comunidades carentes da região. Dessa forma, os artistas aproveitam para treinar os números e trazer novidades para o circo – contou Bonifácio.

Ainda de acordo com ele, as audições contavam com artistas circenses com experiência em espetáculos. Eles até recebiam profissionais de outras cidades – por isso havia uma quantidade significativa de rostos diferentes pela vizinhança.

Até Carla ficou encantada e quis saber quando seria a estreia da temporada. Segundo Bonifácio, se tudo desse certo, o show teria início em, no máximo, dois meses. A trupe pretendia divulgar os nomes dos aprovados ainda naquela semana e, a partir daí, marcar o começo dos ensaios. Olívia ficou empolgadíssima e perguntou se eles poderiam assistir a um trecho de algum ensaio.

– Só um dia, unzinho só! – insistiu.

– Tudo bem – atendeu Bonifácio, que, com a aprovação, se tornou o novo ídolo da garotada. – Voltem daqui a duas semanas e me procurem, ok?

Todos ficaram felizes com a possibilidade e saíram do circo satisfeitos. André ficou um pouco decepcionado por ninguém, no fim das contas, ser um viajante do futuro.

Enquanto voltavam para casa, conversando animadamente, Nico se lembrou de uma coisa: nada do que haviam descoberto justificava o comportamento de Tomoko. Naquela noite, depois do jantar, Nico ouviu a maior bronca de Paulo e Maria, que afirmaram que o filho não deveria sair por aí invadindo prédios abandonados ou desobedecendo ao adulto responsável por ele.

No dia seguinte, na escola, Nico soube pelos amigos que todos haviam recebido castigo. O de André era o pior: duas semanas em casa.

Olívia se desesperou:

– E o ensaio do circo?

– Pois é, mas minha mãe falou que, se eu não me comportar direito nesse tempo, não vou a ensaio algum.

Quando Tomoko se aproximou, eles contaram para a amiga tudo o que tinham descoberto. Ela não pareceu nem um pouco feliz com a novidade e disse que não queria ir ao tal ensaio.

– Não entendo por que tanta agitação. Lembram que vocês afirmaram que circo era coisa de criança? – resmungou.

Eles discordaram, dizendo que alguns circos até poderiam ser, mas esse não era: parecia o mais legal de todos! Tomoko não se animou, nem depois de ouvir dos amigos os detalhes sobre o galpão.

Para felicidade geral, as duas semanas passaram bem depressa e todos receberam a autorização dos pais para ir ao ensaio do circo. Bonifácio foi o anfitrião e os levou até a arquibancada, bem perto do picadeiro.

Eles se sentaram e observavam a movimentação dos artistas na beira do palco. Nico logo bateu os olhos em quem ensaiava no meio do picadeiro. Ele não demorou a reconhecê-la – e também notou algo estranho que o deixou preocupado.

Vá até a página 87, recorte todos os elementos e monte a cena que Nico observou. Preste bem atenção na imagem e veja o que ele descobriu.

UM ESPETÁCULO DE TIRAR O FÔLEGO

Nico cutucou Olívia.

– Descobri o segredo de Tomoko! Ela e a família fazem parte do circo como um grupo de palhaços – revelou Nico, lembrando-se das palavras do primo da menina no mercadinho sobre realizar um antigo sonho.

– Mas isso não faz o menor sentido, Nico!

- Faz sim, Olívia. Estão no palco o pai, a mãe e o irmão da Tomoko. Mas nada dela. Ela deve ter vergonha da gente e, por isso, não queria que ninguém descobrisse. E nós falamos mal de circos e palhaços, lembra?

– Cadê a Tomoko? Precisamos encontrá-la, senão a família dela não vai conseguir se apresentar nem fazer parte do show.

Nico ficou desesperado, pois tinham pouco tempo para encontrar Tomoko. Cada um foi para um lado a fim de agilizar a busca. Nico contornou a arquibancada para procurar a menina na parte reservada aos artistas. Ele continuou a busca e, ao chegar ao vestiário feminino, resolveu entrar. Gritou do lado de fora, comunicando que estava entrando, e entrou.

Na última cabine, no cantinho, estava Tomoko, escondida.

– Vai embora, Nico – disse, num fiapo de voz.

– Tomoko, finalmente entendi tudo, ou melhor, uma parte do que está acontecendo. É esse o segredo, né? O sonho da sua família... Vocês formam um grupo circense.

Tomoko começou a chorar:– Estou morrendo de vergonha. Eu sei bem o que vocês pensam sobre circos e palhaços... Vocês acham que o número dos palhaços é o pior de todos!

Nico não pôde desmenti-la, pois eles tinham mesmo dito tudo aquilo.

– Ah, Tomoko... Eu tenho a impressão de que todos estavam com vergonha de admitir que gostam de circo e de palhaços. Você sempre foi uma artista de circo e escondia isso de todo mundo?

– Não, mas meus pais participavam de um circo quando eram jovens. Foi lá que se conheceram, acredita? Pouco antes de se casarem, decidiram se mudar para Guatinga e montar o mercadinho. E o sonho dos meus pais sempre foi reunir a família – meu pai, minha mãe, meu irmão e eu – em uma nova apresentação – contou Tomoko.

– Eles insistiram para que eu participasse. Além de realizarem um antigo sonho, eles ainda têm a oportunidade de fazer algo pela comunidade. E o dinheiro arrecadado vai ajudar muito a complementar a renda lá de casa, já que as vendas do mercadinho caíram nos últimos tempos – continuou Tomoko.

– E acho que é uma maneira muito mais legal de ajudar a sua família do que vender as coisas de que você gosta – falou Nico, estendendo as mãos para abraçar a amiga.

Tomoko sorriu – um sorriso cheio de alívio – e abraçou Nico.

Depois do abraço, precisaram ser rápidos para ela não perder a chance. Os quatro amigos e Carla aplaudiram bastante quando Tomoko foi ao palco. E não é que a trupe dos Tomoko mandou muito bem na apresentação?

Assim que Tomoko terminou, bastante aplaudida pelos presentes e elogiada por Bonifácio, ela se juntou aos amigos. E, finalmente, explicou que passou as tardes dos últimos meses ensaiando com a família e que, por isso, não podia ir à biblioteca. Revelou também que eles aproveitavam os ensaios para se apresentar no hospital do bairro e no orfanato próximo ao galpão.

– Pessoal, eu sempre soube que as pessoas diferentes pelas ruas estavam ensaiando para o circo, mas tinha vergonha de lhes revelar a verdade. Peço desculpas por não ter confiado em vocês.

Fred, Olívia, Nico e André também pediram desculpas a Tomoko por ela ter se sentido mal sobre algo tão bacana que fazia ao lado da família.

No dia seguinte, Nico procurou Fred, André e Olívia para expor uma ideia. Apesar da conversa amistosa no galpão, ele ainda se sentia mal por quase ter prejudicado Tomoko e a família em seu número circense. Como guardara o dinheiro que André havia enviado nas cartas como o Grande Cliente, sugeriu aos amigos que cada um poupasse um pouco da mesada daquele mês e do próximo.

– Se juntarmos tudo, poderemos comprar de presente para a Tomoko uma roupa nova de espetáculo. O que vocês acham?

Todos, é claro, concordaram.

Algumas semanas depois, o Circo do Futuro começou a divulgar as datas da turnê por Guatinga. No dia do evento, todos estavam felizes e inquietos com a expectativa pela noite seguinte. Antes de se despedirem de Tomoko, Olívia se lembrou de uma coisa: a senha! Qual era, afinal de contas, a senha para entrar no galpão? Ela retirou da mochila as palavras cruzadas e as mostrou para Tomoko, que riu.

– A resposta está na cara! Olhem bem, vocês conseguiram resolver metade do enigma!

– Como assim? – perguntou Nico.

– Cada frase apresenta uma informação a mais. Leiam tudo de novo – pediu Tomoko.

Volte às palavras cruzadas na página 49 e observe com atenção o que os números entre parênteses representam.

Dica: cada número corresponde à ordem da letra da resposta. Junte todas as letras e ache a palavra que forma a senha.

Os quatro, juntos, finalmente desvendaram a senha!

– Ah, não acredito que deixamos essa pista passar! – lamentou André.

Fred, no entanto, continuava confuso e não entendia a razão de tanto mistério. Tomoko, então, explicou que Bonifácio queria garantir que todas as pessoas que participassem dos testes soubessem quais características e qualidades o circo do futuro valorizava; por isso, inventou a estratégia da senha.

A família de Nico marcou presença em peso: Paulo, Maria, Lelê, Titi e até o avô Amadeu foram prestigiar o espetáculo.

André e Carla chegaram cedo. Fred levou os pais e a avó. Olívia também foi com os pais e a irmã mais velha.

O Circo do Futuro não decepcionou, muito pelo contrário: os números eram ainda mais deslumbrantes do que os amigos esperavam.

Ao fim da apresentação da família Tomoko, a menina mal cabia em si de tanta felicidade. E André, encantado com os mecanismos que davam a impressão de que as pessoas podiam voar, refletia sobre como ele e os amigos eram, de fato, muito bons em resolver mistérios.

– Os Agentes DSOP não vão parar por aqui. Ah, mas não vão, mesmo! – disse André para si mesmo durante o pedido de bis.

APÊNDICE

EN +  - NA 1 A +  - MANTE + NTAMENTO

 CON +  - TOR + TAR O

SER +  - NHO + ÇO 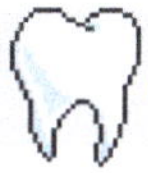 - NTE

IN +  - PA + TIGAÇÃO 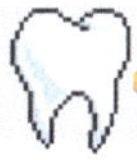 - NTE VOCÊS.

MINHA OR +  - TO + NIZAÇÃO

 - SENTE + CISA DES +  - A + IR

 - IJO + M SÃO OS

 - CA +  - TO + STEIROS  - IJO

 - GREJA + N +  - CA + DIRAM

A  - PÓ +  - DO + DE E O

 - RANGO + TIVO.

G.C.

PÁGINA 28 E 29

COSTUREIRA

AÇOUGUE

ESCOLA

MUSEU

LIVRARIA

PAPELARIA

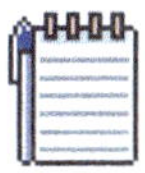

PET SHOP

FLORICULTURA

LAVANDERIA

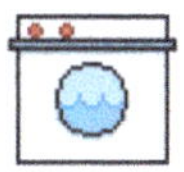

A - 1	B - 2	C - 3
D - 4	E - 5	F - 6
G - 7	H - 8	I - 9
J - 10	K - 11	L - 12
M - 13	N - 14	O - 15
P - 16	Q - 17	R - 18
S - 19	T - 20	U - 21
V - 22	W - 23	X - 24
Y - 25	Z - 26	

RESPOSTAS

PÁGINA 11

Tomoko marca seus objetos com as iniciais ATK (Ana Tomoko). Ela colocou à venda o tabuleiro de jogo, o MP3, o skate e o capacete.

PÁGINA 18

Envio um adiantamento para contratar o serviço de investigação de vocês. Minha organização precisa descobrir quem são os forasteiros que invadiram a cidade e o motivo.
G.C.

PÁGINA 29

PÁGINA 32

Toda sexta-feira irei buscar na sua caixa do correio as informações sobre as pessoas do futuro.
G.C.

PÁGINA 49

Responsabilidade Social
Perseverança
Doação
Igualdade
Comunidade
Fraternidade
Respeito
Cooperação
Voluntário

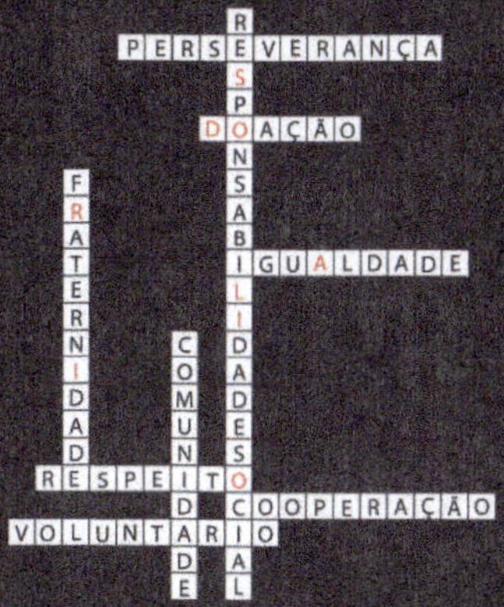

PÁGINA 55

Respostas pessoais.

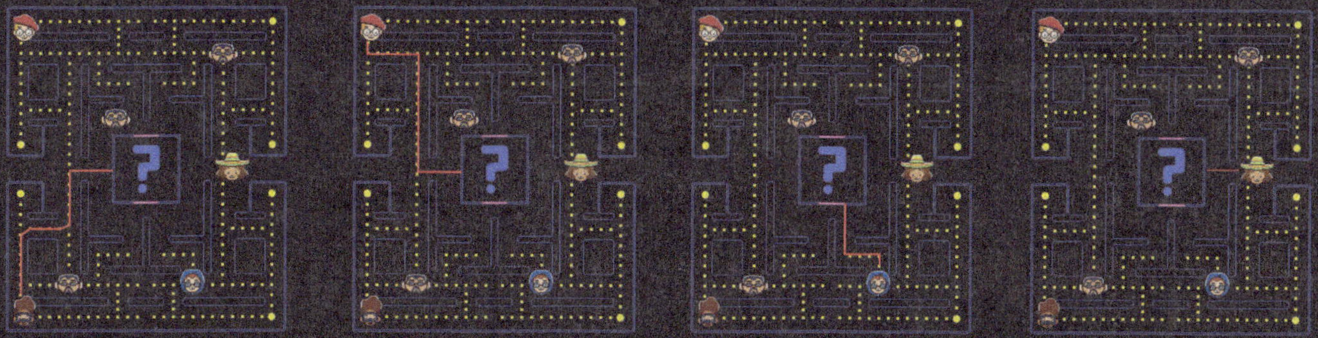

PÁGINA 67

Nico percebeu que os artistas eram a família composta por quatro pessoas. E que no palco só havia três: mãe Tomoko, pai Tomoko, irmão Tomoko. E que, provavelmente, a quarta pessoa seria Ana Tomoko.

PÁGINA 75

Solidário

REINALDO DOMINGOS NASCEU EM CASA BRANCA, INTERIOR DE SÃO PAULO. FILHO DE PAI FERROVIÁRIO E DE MÃE AUTÔNOMA, AOS 12 ANOS DE IDADE REALIZOU O PRIMEIRO DOS SEUS MUITOS SONHOS: COMPRAR UMA BICICLETA. ATUALMENTE, É PHD EM EDUCAÇÃO FINANCEIRA E MENTOR DE UMA METODOLOGIA COMPORTAMENTAL, A **METODOLOGIA DSOP**, QUE VIVENCIA DESDE OS 12 ANOS, SOBRE COMO É POSSÍVEL REALIZAR TODOS OS SONHOS – MATERIAIS OU NÃO MATERIAIS.

AUTOR DO *LONG-SELLER TERAPIA FINANCEIRA* E DE DIVERSOS OUTROS LIVROS. PUBLICOU AS SÉRIES *O MENINO E O DINHEIRO* E *O MENINO DO DINHEIRO*, OS LIVROS *O MENINO DO DINHEIRO EM CORDEL, TER DINHEIRO NÃO TEM SEGREDO, ABCD DA EDUCAÇÃO FINANCEIRA, MESADA NÃO É SÓ DINHEIRO, SABEDORIA FINANCEIRA E PAPO EMPREENDEDOR* E A SÉRIE *DINHEIRO SEM SEGREDO*. É AUTOR, AINDA, DE DUAS COLEÇÕES DIDÁTICAS DE EDUCAÇÃO FINANCEIRA PARA O ENSINO BÁSICO. TAMBÉM É AUTOR DO MAIS NOVO LANÇAMENTO DA EDITORA DSOP, A *COLEÇÃO DOS SONHOS PARA EDUCAÇÃO FINANCEIRA*, QUE FAZ PARTE DOS PROGRAMAS "DESCOBRIR", "EXPLORAR", "EXPANDIR" E "CONSTRUIR", ADOTADA POR DIVERSAS ESCOLAS PÚBLICAS E PRIVADAS.